SPÉCIAL NOIR

Panique dans le train

écrit par Hazel Townson
illustré par Philippe Dupasquier
traduit par Natalie Zimmermann

épigones

Pour Libby Tempest

TABLE DES MATIÈRES

Dans la série Spécial noir

1. **Le mystère du bonhomme de neige** • *H.Townson / Ph. Dupasquier*
2. **Le vol du Croissant pourpre** • *H.Townson / Ph. Dupasquier*
3. **Espions à la noix** • *H.Townson / Ph. Dupasquier*
4. **Et que ça saute !** • *H.Townson / Ph. Dupasquier*
5. **Les pirates** • *Ch. Brouillet / Ch. Maucler*
6. **La montagne noire** • *Ch. Brouillet / Ch. Maucler*
7. **Mystères de Chine** • *Ch. Brouillet / P. Baltzer*
8. **La ville engloutie** • *S. Sarfati / B. Pilorget*
9. **Pas d'orchidées pour Miss Andréa** • *Ch. Brouillet / P. Baltzer*
10. **Le caméléon** • *Ch. Brouillet / Ch. Maucler*
11. **La comédienne disparue** • *S. Sarfati / D. Boll*
12. **Les chevaux enchantés** • *Ch. Brouillet / P. Baltzer*
13. **Épouvante et petits gâteaux** • *H.Townson / Ph. Dupasquier*
14. **Contrebande chez les fossiles** • *H.Townson / Ph. Dupasquier*
15. **Ça chauffe pour le glacier !** • *H.Townson / Ph. Dupasquier*
16. **Kidnappings en série** • *H.Townson / Ph. Dupasquier*
17. **Secrets d'Afrique** • *Ch. Brouillet / P. Baltzer*
18. **Un crime est-il facile ?** • *M. Amelin / G. Frély*
19. **L'assassin des chats** • *M. Amelin / A. Korkos*
20. **Bulletin en cavale** • *H.Townson / Ph. Dupasquier*
21. **L'affaire du labo** • *L. Gillot / M. Kiritzé*

22. **La veuve noire** • *Ch. Brouillet / P. Baltzer*
23. **Le signe du crabe** • *H.Townson / Ph. Dupasquier*
24. **Touchez pas au bébé !** • *H.Townson / Ph. Dupasquier*
25. **La malédiction des opales** • *Ch. Brouillet / P. Baltzer*
26. **Cerise et testament** • *S. Dieuaide / Ch. de Viguerie*
27. **Cerise habite au 21** • *S. Dieuaide / Ch. de Viguerie*
28. **Le matou se rebiffe** • *H.Townson / Ph. Dupasquier*
29. **Les voix truquées** • *S. Sarfati / M. Kiritzé*
30. **Pitié pour les voleurs** • *M.-S. Roger / G. Frély*
31. **Cerise, cambrioleur !** • *S. Dieuaide / Ch. de Viguerie*
32. **Panique dans le train** • *H.Townson / Ph. Dupasquier*

1
Un voyage mouvementé

Le grand jour était arrivé ! Mademoiselle Pritchard, secondée par les mères d'Erica Carr et de Patsy Huggins, emmenait en train sa classe à Manchester pour visiter le musée des Sciences et celui des Transports… ou du moins, telle était son intention. Elle ne savait pas encore ce qui l'attendait lors de cet inoubliable voyage.

Pendant tout le trajet de l'école à la gare de Cobston, Lenny Williams et son ami, Jack Allen, traînèrent en queue de peloton, cherchant à rester aussi loin que possible de mademoiselle Pritchard, même si cela impliquait de se mettre sous la coupe de madame Huggins, qui surveillait à l'arrière.

– Je parie que ça va être horriblement ennuyeux, grommela Lenny, qui n'était jamais entré dans un musée de sa vie.

Le mot même suffisait à le rebuter.

– Ce sera sans doute mieux que l'école, répliqua Jack, plein d'optimisme.

En tout cas, il avait hâte d'arriver à la gare car il n'avait jamais pris de train de grande ligne. Il avait aussi entendu dire qu'au musée des Transports, on pouvait monter dans un modèle réduit de vaisseau spatial. Trop génial !

Dans le hall de gare, mademoiselle Pritchard compta soigneusement ses troupes puis les gratifia d'un dernier sermon sur leur conduite, qui se devait, en ces lieux publics, d'être absolument parfaite.

– N'oubliez pas, les enfants, que vous représentez l'École Primaire de Cobb Street aujourd'hui. Et nous ne voudrions pas porter préjudice à notre école, n'est-ce pas ?

– Non, mademoiselle Pritchard ! répondit un chœur peu enthousiaste.

Lenny Williams grogna. Il avait déjà mangé la majeure partie de son déjeuner, et la perspective de devoir être sage toute la journée n'avait rien de très excitant. Sa seule consolation était d'avoir emporté quelques tours de magie dans sa poche, ce qui pourrait se révéler fort utile au cas où les choses deviendraient vraiment trop sinistres. L'ambition de Lenny était d'animer un jour sa propre émission de magie à la télévision, aussi s'entraînait-il quotidiennement sur ses amis les plus patients. Il espérait bien en faire autant aujourd'hui.

Le train entra enfin en gare. Mademoiselle Pritchard avait réservé tout une voiture et, malgré son sermon, les enfants montèrent bruyamment et précipitamment, sans cesser de se pousser et de se tirer. Lenny et Jack, qui ne furent pas en reste, réussirent à trouver des places tout au fond de la voiture, ce qui leur donnerait la possibilité de franchir de temps à autre la porte coulissante.

En fait, le train venait à peine de s'ébranler que Lenny suggérait déjà un tour d'exploration.

– Non, attends un peu. Je veux regarder par la fenêtre.

Jack trouvait amusant de voir Cobston s'éloigner rapidement, et il avait l'intention de lire ensuite un journal de bandes dessinées. Aîné de six enfants, Jack n'avait pas droit à beaucoup de gâteries, et un journal de BD était un luxe réservé aux grandes occasions.

Lenny se mit à bouder, puis il sauta

MANCHE
RESERVE

sur ses pieds et annonça :

– Bon, je vais faire un petit tour.

Il commençait à trouver que Jack Allen se ramollissait : plus vite il le secouerait, mieux cela vaudrait. Il passa par-dessus son ami, qui occupait le siège côté couloir, et fit coulisser la porte.

– Lenny Williams, où crois-tu aller comme ça ? tonna la voix de mademoiselle Pritchard-Oeil de Lynx, à l'autre bout du wagon.

– Aux toilettes, mademoiselle.

– Bon, d'accord, mais dépêche-toi et reviens directement ici.

Lenny s'échappa avec un soupir de soulagement et entreprit de remonter la voiture suivante en direction du wagon restaurant. Sa mère lui avait donné pour le voyage un billet de cinq livres en plus de son argent de poche habituel, et il avait bien envie de jeter un coup d'œil sur ce qu'on proposait au buffet.

Il y avait déjà la queue au comptoir, et

Lenny y prit place. Il se retrouva juste derrière deux hommes plongés en grande conversation. Ils avaient l'air d'hommes d'affaires, l'un en costume brun, l'autre en costume gris.

Lenny s'était toujours demandé de quoi pouvaient bien parler les hommes d'affaires, aussi se mit-il à les écouter avec la plus totale indiscrétion… et, à sa grande stupéfaction, se trouva-t-il témoin d'un sinistre complot.

– Alors, où as-tu posé ta bombe à retardement ? demanda Costume Gris.

– C'est entre Welshaw et Stockport, répondit Costume Brun d'une voix étouffée. Cela va faire des centaines de victimes, je le crains, mais c'est inévitable.

– Seigneur ! J'imagine déjà les gros titres des journaux ! fit Costume Gris avec un feint regret. Une fois qu'ils auront trouvé qui est derrière tout ça, tu seras la plus grande terreur depuis Jack l'Éventreur !

– On ne peut pas faire autrement, j'en ai peur. Ça se passe comme ça maintenant. Ce sont les innocents qui payent. J'imagine qu'il ne nous reste qu'à nous endurcir.

Lenny parvenait à peine à en croire ses oreilles. Ce train, qui roulait en ce moment même vers le nord, devait s'arrêter à Welshaw et à Stockport avant d'arriver à Manchester. Ainsi, sa classe tout entière et les autres passagers du train étaient en fait sacrifiées et attendaient qu'on les fasse sauter en mille morceaux ! Les yeux écarquillés et la bouche grande ouverte, Lenny fit demi-tour et retourna en courant à sa voiture.

2
Bombe sur la ligne ?

Lenny Williams remonta l'allée centrale jusqu'à la place de mademoiselle Pritchard. Il était tellement affolé qu'il s'empara du bras de l'institutrice et entreprit de le secouer tout en parlant.

– Mademoiselle, il y a une bombe sur la voie, quelque part entre Welshaw et

Stockport, et c'est justement là que nous allons ! C'est une bombe à retardement. Je viens juste d'entendre deux hommes en parler, et ils ont dit que ça ferait des centaines de victimes. Ils ont dit que c'était inévitable et qu'ils n'avaient plus qu'à s'endurcir. Il faut faire quelque chose au plus vite, mademoiselle, sans quoi nous serons tous tués.

Mademoiselle Pritchard retira fermement la main de Lenny de son bras. Puis elle respira longuement et profondément avant de répliquer :

– Lenny Williams, il y a des semaines que je prépare cette sortie, et je n'ai pas l'intention de la laisser gâcher par une de tes frasques malveillantes. Nous connaissons tous ton goût pour la notoriété, sans parler de ton imagination délirante. Comment peux-tu croire une seconde que tu as découvert quelque chose qui aurait échappé à la vigilance du personnel des chemins de fer ? Tu n'avais pas à écouter une

conversation qui ne te regardait pas, et encore moins à la comprendre de travers et à la colporter partout. Je croyais que tu allais simplement aux toilettes, non ? Maintenant, assieds-toi et sois sage. Je vais demander à madame Huggins de te surveiller de près.

– Mais, mademoiselle, c'est vrai. Il faut que vous me croyiez ! J'ai tout entendu…

– Je t'ai dit de t'ASSEOIR, Lenny ! Si la place que tu as choisie ne te plaît plus, tu peux toujours venir t'asseoir près de moi.

Lenny se rendit compte avec désespoir qu'il était inutile d'essayer davantage de convaincre mademoiselle Pritchard. Il s'était déjà tellement défilé en lui en racontant des vertes et des pas mûres depuis le début de sa scolarité qu'elle se méfiait à présent de tout ce qu'il lui disait. Mais il ne pouvait tout de même pas rester assis en attendant de sauter avec le train. Il allait falloir que Jack et lui sauvent la situation tout seuls.

Avec un dernier regard désespéré en direction de son institutrice, Lenny se dépêcha de regagner sa place et entreprit de chuchoter toute l'histoire à l'oreille de son ami.

Jack ne l'écoutait qu'à moitié, et ne prit même pas la peine de lever la tête de sa bande dessinée.

– Mais oui, c'est ça, continue ! fut tout ce qu'il trouva à dire.

– C'est vrai, je te jure ! Je viens de te raconter mot pour mot ce que j'ai entendu.

– Tu parles ! De vrais terroristes ne se mettraient pas à parler de bombes dans un endroit où n'importe qui peut les entendre. Sauf dans les BD, bien sûr. Il doit sûrement y avoir une autre explication. Ces hommes parlaient peut-être de tout autre chose et tu as tout compris de travers.

– De quoi, par exemple ?

Jack sourit avec impatience.

– Comment veux-tu que je le sache ? Je ne suis pas homme d'affaires, moi. En tout cas, il y a une façon de le savoir avec certitude. Ces deux-là n'ont certainement pas l'intention de se faire sauter eux-mêmes, alors, s'ils ne descendent pas à Welshaw quand le train s'arrêtera, tu sauras que tu t'es certainement trompé.

– Oui, mais si on attend aussi longtemps que ça, il sera peut-être trop tard. Imagine qu'ils sautent du train à la dernière minute ?

– C'est un peu tiré par les cheveux. Mais si Pritty ne te croit pas, personne ne le fera. Alors je ne vois vraiment pas ce que tu pourrais faire d'autre qu'attendre.

– Tu parles d'une aide précieuse !

– Quoi ! Tout ça parce que je ne vois pas d'individus sinistres à tous les coins de rue ! Tu es givré, ma parole, ajouta Jack en riant tout en tournant la page de sa bande dessinée.

C'en fut trop pour Lenny, qui se mit à bouder avec ostentation. Il fronça les sourcils, s'agita et se rongea les ongles pendant une bonne demi-heure, jusqu'à ce que le train s'arrête en gare de Welshaw. Lenny retrouva alors toute sa vivacité. Il pressa aussitôt le visage contre la vitre afin de surveiller les passagers qui des-

cendaient du train, et bondit soudain de son siège avec excitation.

– Qu'est-ce que je t'avais dit ! Les voilà ! cria-t-il en arrachant à Jack son journal pour le forcer à regarder par la vitre. Tu vois ? C'est eux ! Non seulement ils descendent, mais ils ont l'air sacrément pressés.

C'était vrai. Costume Brun et Costume Gris couraient carrément sur le quai à toute vitesse, se frayant maladroitement un chemin parmi les autres passagers. Costume Brun tenait une serviette serrée contre sa poitrine, tandis que Costume Gris portait un paquet.

– Regarde-les ! Ils ont l'air drôlement pressés de s'éloigner de ce train.

– Ils sont peut-être en retard à leur travail.

Mais, tout de même, Jack commençait à se demander malgré lui s'il n'y avait pas un fond de vérité dans l'histoire de Lenny. Il était rare de voir des adultes courir comme ça. Et puis, de nos jours, il fallait se méfier avec les paquets. Ils pouvaient contenir absolument n'importe quoi, y compris un détonateur ou une charge d'explosifs.

Jack récupéra son journal et le plia soigneusement pour le ranger.

– Bon, qu'est-ce qu'on fait, alors ?

– Inutile de perdre sa salive à essayer de convaincre Pritty, alors je suppose que nous n'avons plus qu'à avertir le contrôleur. Viens avec moi !

Au même instant, plusieurs passagers de Welshaw encombrés de bagages pénétrèrent dans la voiture sans s'apercevoir qu'elle était déjà pleine d'enfants. Dans la confusion qui suivit, Lenny et Jack parvinrent à se glisser sans se faire remarquer dans la voiture voisine. Là, ils entreprirent frénétiquement de trouver de l'aide avant le départ du train.

3
Grogne des passagers

Heureusement, les deux garçons tombèrent presque tout de suite sur le chef de train, qui aidait une vieille dame à trouver sa place.

– Eh, monsieur !

Lenny s'empressa de dévider toute son histoire d'une voix précipitée, mais le chef de train ne parut nullement impressionné. Il examina Lenny d'un œil critique.

– Alors, on cherche à faire un mauvais coup ? demanda-t-il sans même l'ombre d'un sourire. Histoire de mettre un peu d'animation dans ce voyage qui t'ennuie, j'imagine. Tu fais partie du groupe scolaire qui est en voiture 3, n'est-ce pas ? Eh bien, je crois que je vais aller dire un mot à ton institutrice.

– Ce serait une perte de temps, monsieur, répliqua hâtivement Lenny. Nous lui avons déjà tout raconté, mais elle ne veut pas nous croire.

– Quelle femme raisonnable !

C'est à cet instant que surgit Patsy Huggins, qui appela les garçons depuis l'autre bout du compartiment.

– Lenny et Jack, revenez à votre place avant le départ du train. Ma mère est censée vous surveiller de près, et si Pritty découvre que vous êtes repartis, c'est ma mère qui va avoir des ennuis.

– Je n'irai nulle part tant que je n'aurai pas tiré cette affaire au clair, répondit Lenny, buté. Et tu peux dire à ta mère que Jack et moi, on essaye de lui sauver la vie, sans parler de la vie de tous les passagers du train, y compris la tienne.

Ces paroles sonnèrent de manière tout à fait mélodramatique, et à peine Patsy, énervée, eut-elle disparu, que la vieille dame déclara soudain :

– Je pense que vous devriez accorder à ce jeune homme le bénéfice du doute. Il me fait l'effet d'un bon garçon, et, de nos jours, on ne sait jamais ce qui peut se passer. On entend de telles choses.

– Oui, mais, madame…

– Si vous ne vérifiez pas et qu'il se produit quelque chose, vous garderez cela sur la conscience pour le restant de vos jours. En admettant qu'il vous reste des jours à vivre, bien sûr.

– Allons, madame, soyons raisonnables. Je ne peux pas faire circuler une

histoire aussi ridicule sans la moindre preuve. Cela déclencherait une formidable panique, et tout cela pour rien. Vous savez comment sont ces jeunes, surtout quand ils sont surexcités. Le mieux est de ne pas y faire attention et de continuer tranquillement votre voyage.

– C'est exactement mon avis, intervint un monsieur visiblement énervé, portant une barbe noire. Ce genre de gosse cherche toujours à faire des ennuis.

Le contrôleur allait s'éloigner, mais fut pris à parti par la voyageuse qui était assise à côté de la vieille dame.

– Je ne comprends pas comment vous pouvez nous conseiller de continuer tranquillement notre voyage après ce que nous venons d'entendre ! protesta-t-elle en se levant. J'ai l'impression que notre vie tout entière est en train de virer au cauchemar terroriste. Personne ne peut deviner ce qui va se produire l'instant d'après. Je ne sais pas ce que vous en pensez, dit-elle en se tournant vers les autres passagers, mais ce que ces garçons racontent me donne la chair de poule. Vous avez vu le dernier épisode d'*Urgence*, la semaine dernière, celui où il y avait eu un accident de train… ?

– Foutaise ! s'exclama le barbu, qui s'appelait en fait Gratz. Et si vous laissez ces gamins perturber notre voyage... !

– Cela ne ferait de mal à personne de vérifier, interrompit tranquillement un monsieur, de l'autre côté de l'allée. Le contrôleur devrait peut-être appeler pour demander conseil. Je peux lui prêter mon téléphone portable, s'il veut.

– Oui, et alors ? Cela va nous faire perdre des heures s'ils doivent tout vérifier, protesta Gratz, furieux. Il y en a qui ont mieux à faire que de rester coincés ici toute la journée.

Soudain, un monsieur d'un certain âge se leva aussi.

– Je voudrais que vous sachiez, annonça-t-il à l'intention de tous les passagers de la voiture, que j'étais là, quand on a essayé de faire sauter l'usine à gaz. Et aussi quand, quelques jours après, on a posé une bombe en plein centre ville. Tout cela me pousse à accorder le bénéfice du doute aux avertissements les plus invraisemblables, désormais.

– Bon, mais j'espère que vous vous rendez compte que ce monsieur a raison, avertit le contrôleur en désignant Gratz. Si j'en réfère à mes supérieurs, le train sera bloqué ici, en gare de Welshaw, pendant que l'on passera la voie au peigne fin jusqu'à Stockport. Et Dieu seul sait combien de temps cela prendra.

Il y eut quelques murmures de protestation, mais la vieille dame déclara sur un ton péremptoire :

– Je crois que tout le monde sera d'accord pour dire que mieux vaut perdre du temps que perdre la vie. Et ne feriez-vous pas mieux de vous dépêcher, jeune homme ? Nous partons dans un instant.

– Nous ne partirons pas tant que je n'en aurai pas donné le signal, madame ! répliqua le chef de train en s'efforçant de conserver son calme. Et vous deux, vous allez me suivre pour voir comment régler tout ça, dit-il en se tournant vers Lenny et Jack.

Avant que les garçons ne puissent protester, ils les avaient poussés hors de la voiture en direction de l'arrière du train.

– Un instant, monsieur, s'il vous plaît, protesta Lenny. Nous devrions dire à notre institutrice où nous allons, et notre voiture est dans l'autre sens.

– C'est vrai, nous allons avoir de gros ennuis si nous ne le faisons pas, renchérit Jack. Et il a déjà assez de problèmes comme ça. (Comme d'habitude, pensa-t-il sans oser le dire.)

– Alors vous devriez arrêter de mettre le nez dans ce qui ne vous regarde pas, conseilla le chef de train. Mais maintenant que vous avez lancé votre accusation et mis les passagers en émoi, il faut que je fasse quelque chose. Nous allons devoir aller jusqu'à la voiture de queue pour appeler mes supérieurs. Ils voudront peut-être vous parler. Et inutile de vous inquiéter pour votre institutrice ; je ne manquerai pas d'aller lui parler dans une minute.

Bien qu'une telle nouvelle pût paraître de mauvais augure, Lenny commençait à s'amuser. Il était sûr d'avoir raison et se sentait terriblement important d'avoir ainsi à traverser une grande partie du train en compagnie du responsable. Tout le monde les regardait, et puis Jack et lui allaient avoir une vision privilégiée de la cabine du chef de train, ce dont ils pourraient se vanter auprès du reste de la classe. Peut-être même allaient-ils pouvoir convaincre le chef de train de parler dans le micro.

Le train semblait interminable. Ils durent traverser sept ou huit voitures avant d'arriver au wagon de queue, et la première chose qu'ils remarquèrent fut un magnifique tandem rangé là. C'était la cerise sur le gâteau. Lenny n'avait jamais vu de tandem de près et se demandait déjà si le contrôleur le laisserait monter dessus avec Jack, juste pour voir comment ça faisait. Il examina la machine avec inté-

rêt, enregistrant chaque détail pour tout décrire à sa famille et à ses amis. (Cela constituait aussi un excellent entraînement, bien sûr, car les prestidigitateurs doivent développer leur sens de l'observation.)

Le tandem paraissait flambant neuf. Même les pneus étaient immaculés, et les

selles étaient tellement brillantes qu'on pouvait se voir dedans. Lenny se mit à caresser amoureusement une grosse sacoche en cuir véritable à laquelle était fixée une étiquette indiquant Gratz – Manchester.

Le contrôleur décrocha un téléphone et se mit à parler d'une voix ennuyée.

– Ici Briggs. Vous n'allez pas me croire, mais on dirait qu'on a un petit problème…

Jack, qui écoutait attentivement, supputa que le chef de train devait appeler le conducteur de la locomotive, et il se dit qu'il allait effectivement y avoir un petit problème. Lenny s'était probablement trompé, comme d'habitude, et ils allaient peut-être se faire expulser du train. Et même si cela n'arrivait pas, Pritty serait tellement fâchée qu'elle les laisserait à la consigne de Manchester et ne les reprendrait qu'au moment de rentrer. Jack commençait tout juste à émerger de ses visions cauchemardesques quand monsieur Briggs déclara :

– ...et vous ne voulez même pas interroger les gamins ? D'accord, on y va.

Monsieur Briggs raccrocha, lança un mot d'excuse dans le microphone puis s'approcha de la porte et donna le signal du départ.

Malheureusement, cédant à la tentation, Lenny choisit justement ce moment pour saisir le premier guidon du tandem et donner un coup de freins, ce qui déséquilibra l'engin. Le départ du train fit le reste. Il y eut un fracas et un cri de désespoir lorsque la bicyclette s'effondra sur Lenny. Mais cela ne fut rien comparé aux cris de monsieur Briggs lorsqu'il s'aperçut que le premier guidon du tandem renversé était légèrement tordu et la roue avant carrément voilée. Puis, comme si cela ne suffisait pas, l'un des pneus s'était fendu, et il s'en échappait une fine poudre blanche.

Écumant de rage, monsieur Briggs saisit Lenny par le collet et le fit se relever.

– Non, mais qu'est-ce que tu fabriques ? Tu ne crois pas que tu en as déjà assez fait pour aujourd'hui ?

Cependant, avant qu'il ait eu le temps de déverser plus avant sa colère, la porte s'ouvrit et le passager barbu qui s'appelait Gratz fit irruption dans la cabine. Peut-être possédait-il le don de seconde vue, car le tandem lui appartenait. Était-il donc si proche de sa machine qu'il avait senti le danger qui la menaçait ? Il fut absolument furieux de voir ce qui était arrivé, et son teint prit un inquiétant ton cramoisi lorsqu'il bondit pour constater les dommages en laissant échapper un chapelet d'injures. Pourtant, aussi mauvaise que pût paraître la situation, elle justifiait difficilement l'attitude que prit alors Gratz, qui sortit un revolver de sa poche et le braqua sur les garçons.

– Que personne ne bouge, ou je tire, menaça-t-il en se plaçant devant le tandem comme pour le protéger.

4
Drame à l'usine

Quelques minutes plus tôt, juste avant que le train ne quitte la gare de Welshaw, Costume Brun, qui s'appelait en fait monsieur Donald Dacre, de la Société Dacre et Compagnie, avait regagné précipitamment le train pour récupérer son parapluie, qu'il avait oublié dans le filet à bagages. Son siège était à présent occupé par la vieille dame, qui le reconnut immédiatement d'après la description de Lenny.

– Attendez une minute, jeune homme, dit la vieille dame en posant une main ferme sur le bras de monsieur Dacre. Je crois que le contrôleur aimerait vous dire deux mots.

Monsieur Dacre commença à protester qu'il était en retard à sa réunion de travail et qu'il devait se dépêcher, mais plusieurs autres passagers s'étaient entre-temps rendus compte de ce qui se passait et rapprochés de lui pour lui bloquer le passage.

– Le contrôleur voudrait juste vérifier quelque chose avec vous.

– Ça ne prendra qu'un instant.

– Et cela pourrait nous faire gagner beaucoup de temps.

On envoya quelqu'un chercher le chef de train, mais enfin, comme on ne voyait personne revenir ni avec ni sans monsieur Briggs, l'homme au téléphone portable répéta à monsieur Dacre les paroles interceptées par Lenny. Un petit groupe de passagers assez menaçants s'était rassemblé pour s'assurer que le suspect ne partirait pas avant que la question n'ait été complètement éclaircie.

Monsieur Dacre se mit à rire, un peu jaune il est vrai :

– Vous ne me prenez tout de même pas pour un terroriste ! Moi surtout ! Vous voyez bien qu'il ne peut s'agir que d'un stupide malentendu, non ? Je reconnais que j'ai bien prononcé ces paroles, mais il se trouve que je suis dans l'industrie du plastique et que je parlais de deux filiales de notre entreprise, l'une à Welshaw et l'autre à Stockport. Nous allons devoir fermer l'une d'elles à cause de notre très mauvaise situation financière en ce moment, et cela va faire une centaine de chômeurs. Ce sont eux, les « victimes » dont je parlais. Vous pouvez appeler à mon bureau si vous ne me croyez pas,

ajouta-t-il en tendant sa carte à l'homme au téléphone.

Il y eut un moment de silence, le temps que le sens de ses paroles atteigne le cerveau des personnes présentes. Plusieurs passagers se penchèrent en avant pour regarder la carte, qui finit par passer de mains en mains. Puis tout le monde se mit à parler en même temps, certains pour expri-

mer leur soulagement, d'autres pour s'indigner de la peur qu'on leur avait infligée, et tous pour se demander avec inquiétude si l'on avait déjà commencé à fouiller la voie.

– Nous ne voudrions pas nous mettre en retard. J'ai une correspondance à prendre, moi.

– Le mieux serait de trouver le contrôleur au plus vite pour lui raconter ce qui vient de se passer.

Mais avant que quiconque pût faire un mouvement, un message du chef de train retentît dans les haut-parleurs de la voiture pour s'excuser de ce retard dû à un léger malentendu et annoncer que le train allait partir.

– Super ! Il a déjà vérifié et s'est aperçu qu'il s'agissait d'une fausse alerte.

– Sales gosses ! s'exclama un passager avec un reniflement de dégoût. On aurait dû s'en douter.

– Je peux m'en aller, alors ? demanda monsieur Donald Dacre.

Sans attendre la réponse, il sauta du train avec son parapluie. Il était temps, car le train s'ébranlait et commençait à quitter la gare de Welshaw.

Au même instant, la mère de Patsy Huggins informa mademoiselle Pritchard que Lenny Williams et Jack Allen semblaient avoir une fois de plus disparu.

– Je vais remonter le train pour voir si je les trouve, décida-t-elle.

– Ce n'est pas trop tôt ! commenta mademoiselle Pritchard d'un ton sec. Ces deux-là ont besoins d'une surveillance de TOUS LES INSTANTS, madame Huggins, croyez-moi ! Dès que vous les aurez trouvés, j'aurai un mot à leur dire et je veux qu'ils viennent s'asseoir à côté de moi pendant tout le reste du voyage.

– Je sais par où ils sont partis, chuchota Patsy à l'adresse de son amie avant de disparaître du côté opposé à celui qu'avait emprunté sa mère.

5
L'embuscade

Il y avait, à mi-chemin entre Welshaw et Stockport, une vaste étendue de campagne : champs grouillants de lapins, bandes de forêt, fermes occasionnelles et flancs de collines où broutaient des moutons. C'était dans l'une des bandes forestières qui s'étendaient de part et d'autre de la voie ferrée, que deux hommes, Jojo et

José, se tenaient tapis non loin des rails. Ils étaient tous deux vêtus de jeans et de pulls fins noirs, ainsi que d'une cagoule noire leur dissimulant la tête et le visage. Tout ce que l'on apercevait d'eux, aussi éclatants que des perles sur un écrin noir, était leurs deux paires d'yeux brillants d'inquiétude. Arme au poing, ils attendaient en effet d'intercepter le train de Manchester.

– Ça y est, monsieur Gratz-le-Futé ! chuchota Jojo avec excitation. Plus que quatre minutes et tu vas avoir la surprise de ta vie.

– J'ai hâte de voir sa figure, fit José, que cette idée réjouissait.

– Ça ne m'étonnerait pas qu'il en ait une crise cardiaque !

– Faut avouer qu'il a trouvé l'endroit idéal pour cacher la drogue, non ? Il va sûrement en faire une jaunisse quand on va monter dans le wagon !

– Il ne s'attend certainement pas à ce qu'on lui tombe dessus pendant le trajet.

– Quel imbécile aussi de transporter la marchandise en train ! Une fois qu'il l'avait mise dans son tandem, il aurait mieux fait de trouver un coéquipier pour rouler avec son engin.

– Mais non, il n'aurait pas pu ! Il y a de la poudre jusque dans les pneus. Il ne peut pas risquer une crevaison.

– Cadre creux, selles creuses et les pneus aussi ? Ça en fait un bon paquet, pas vrai ? On dirait qu'on est tombés sur le

jackpot cette fois-ci !

Jojo consulta sa montre.

– Ce sera le cas si Lecky ne se plante pas avec le signal. Remarque qu'il est plutôt du genre calme, ce Lecky. Je te jure que je ne voudrais pas être à sa place pour tous les hamburgers de McDo réunis !

Malgré ce léger risque, le coup avait été minutieusement préparé. Des jours de travail éreintant allaient trouver leur apothéose sur un réglage à la demi-seconde près. À l'instant où Lecky entendrait le train approcher, il devait glisser une poche noire sur le feu vert et placer une lampe rouge juste devant. Si tout se passait dans les temps, le train s'immobiliserait alors dans ce coin désert et retiré à dix heures neuf exactement, permettant à Jojo et José de sauter dans la voiture de queue, de s'emparer du tandem et de le transporter jusqu'à leur camionnette qui attendait dans les bois. De là, un certain nombre de changements de véhicules leur permettrait d'arriver à leur planque, à Manchester, où ils pourraient démonter la bicyclette, récupérer la drogue si astucieusement dissimulée à l'intérieur, et gagner une fortune en écoulant la marchandise dans les bars de la ville, les boîtes de nuit et même les écoles.

– Ne vendons pas la peau de l'ours, conseilla José.

Il avait conscience que tout – et surtout les changements de véhicules – dépendait d'une parfaite synchronisation. Le moindre retard du train pouvait réduire toute l'opération à néant. Et si jamais Gratz avait changé d'idée et était descendu du train à la gare précédente ? Jojo se rassurait en se disant qu'il n'aurait pas fait une chose pareille, à moins d'avoir des soupçons, ce qui n'était sûrement pas le cas. Ils s'étaient montrés d'une extrême prudence. Évidemment, c'était sans compter avec les Lenny Williams et Jack Allen, car si Jojo et José avaient su ce qui se passait au même moment dans le train de Manchester, c'est eux qui auraient eu une crise cardiaque.

Dans la voiture de queue, Lenny Williams contemplait le canon du revolver de Gratz. Il était comme hypnotisé, incapable de bouger ni même de penser. Il fut ramené brutalement à la réalité par le son de la voix de Gratz :

– Bon ! Vous deux, asseyez-vous dos à dos et soyez sages ! ordonna-t-il en montrant le sol poussiéreux.

Il se dirigea vers une énorme pile de sacs de toile malpropres près de laquelle gisait un rouleau de corde. Il prit la corde et s'en servit pour saucissonner les deux garçons ensemble. Il terminait à peine les nœuds quand on tambourina vigoureusement contre la porte de communication.

– Vite ! Est-ce que vous avez une trousse de secours ? cria quelqu'un. Il y a un vieux monsieur qui est tombé dans les toilettes et qui s'est ouvert le crâne ! Il y a du sang partout.

Gratz hésita pendant une seconde. Il n'en avait pas tout à fait terminé avec les garçons, mais il savait que cela ferait bizarre si le contrôleur tardait à répondre.

Il fit signe à monsieur Briggs d'aller ouvrir la porte.

– Voyez ce qu'il veut. Mais pas d'entourloupe ou vous ne vivrez pas assez longtemps pour raconter ça à vos petits-enfants. Je reste juste derrière vous. Vous ne parlez à personne et vous revenez ici tout de suite après. Compris ? Et vous, siffla-t-il en se tournant vers les enfants, n'essayez pas de bouger ou de faire le moindre bruit. De toute façon, personne ne vous entendrait. Nous revenons tout de suite, et Briggs sera vraiment désolé si vous avez causé le moindre problème, parce que c'est lui que je descendrai d'abord.

En réalité, Gratz n'était pas inquiet le moins du monde. Que pouvaient faire deux gosses terrorisés contre un profes-

sionnel comme lui ? Que pouvait qui que ce soit contre la puissance d'une arme à feu ?

Tandis que les cris et les coups redoublaient derrière la porte, monsieur Briggs saisit sa trousse de premiers secours sur une étagère.

– Donnez-moi vos clés, commanda Gratz.

Puis il entrouvrit précautionneusement la porte afin qu'on ne puisse pas réellement regarder à l'intérieur. Il glissa alors une dernière recommandation menaçante aux garçons, laissa monsieur Briggs sortir, le suivit de près et ferma la porte à clé derrière lui.

Quelques secondes d'un silence ahuri s'écoulèrent avant que Lenny ne murmure :

– Ouf ! On a eu de la veine ! Il n'a même pas eu le temps de serrer ses nœuds convenablement. Je parie qu'ils lâcheront si on tire un peu dessus. Vas-y, remue-toi vite !

– Lenny, grogna Jack, tu as entendu ce qu'il a dit. C'est vraiment un sale type, et si nous lui causons le moindre ennui…

– Une fois que nous nous serons débarrassés de cette corde, c'est sûr que nous allons lui causer des problèmes. Et nous aurons l'effet de surprise pour nous.

– Mais réfléchis un peu, Williams ! Ce type est plus dangereux que la troisième guerre mondiale. Ce n'est pas un jeu, là, tu sais.

– Je *sais* très bien ce que je fais. Je prends les problèmes un par un, c'est tout. Tu ne croyais quand même pas qu'on allait rester assis là en attendant de se faire tuer ? La poudre qui sort de ces pneus doit être de la drogue. Enfin, c'est ce que je pense. Et comme nous l'avons vue, il ne nous laissera sûrement pas filer. Allez, remue-toi, je te dis.

Jack savait qu'il était inutile de discuter. Il poussa un soupir et se mit à s'agiter en tous sens.

La corde se révéla effectivement assez mal ajustée. Au bout de quelques instants de mouvements vigoureux, les garçons réussirent à desserrer son étreinte. Alors, avec force tiraillements et grognements, Lenny parvint à libérer un de ses bras, puis l'autre, et les garçons se retrouvèrent bientôt libres, debout dans les ronds de corde et se demandant ce qu'il convenait de faire.

– On pourrait appeler au secours, suggéra Jack.

– Il a dit que personne ne nous entendrait, et je parie que c'est vrai. À cette distance-là, on aurait du mal à entendre quoi que ce soit à part le bruit du train.

– Et si on se servait des haut-parleurs ?

– Oui, c'est ça ! Pour qu'il s'excite avec son revolver en entendant notre message ! Non, il faut trouver quelque chose de plus subtil que ça.

– Bon, en tout cas, il faut faire vite, fit

remarquer Jack, affolé à la pensée du revolver et regrettant désespérément de s'être laissé entraîner à suivre Lenny au lieu de rester tranquillement à sa place, à lire des bandes dessinées.

Soudain, Lenny eut l'idée de génie.

– Je sais ! Quand Gratz va revenir, je détournerai son attention avec un tour de magie.

– Oh, non ! soupira Jack en levant les yeux au ciel.

S'il ne leur restait plus qu'à compter sur les tours de magie de Lenny, autant faire son testament tout de suite.

Lenny plongea une main avide dans la poche et en sortit sa dernière acquisition, le Carrelet Volant. Lorsqu'il l'eut soigneusement préparé, il proposa de retourner s'asseoir dos à dos dans les tours de corde, et de prendre une mine apeurée de circonstance pour laisser croire que rien n'avait bougé.

– Et quand Gros Bras reviendra, on verra de quoi est capable ce joli petit Carrelet Volant.

6
Du sang et des frayeurs

Pendant ce temps, à quelques voitures de là, monsieur Briggs essuyait le sang qui coulait de la blessure que le vieux monsieur s'était faite à la tête en tombant. Il s'agissait d'une vilaine entaille, et un passager suggéra qu'il faudrait peut-être faire des points de suture.

– Ne vaudrait-il pas mieux arrêter le train et faire venir une ambulance pour le conduire à l'hôpital ?

– Non, non, c'est tout à fait inutile ! intervint vivement Gratz, qui se tenait juste derrière monsieur Briggs. Les blessures à la tête saignent toujours beaucoup, mais celle-ci n'est pas très profonde. Il ira

parfaitement bien dès qu'il sera bandé. Puis nous le ramènerons à sa place et nous lui donnerons une bonne tasse de thé. Il vient de nous dire que sa fille l'attend à Stockport. Elle pourra le conduire chez un médecin dès qu'il sera là-bas, si cela s'avère nécessaire.

– Quoi qu'il en soit, dans ce genre de cas, la procédure habituelle est... commença monsieur Briggs, désireux de faire arrêter le train à tout prix.

– Nous sommes déjà en retard, insista Gratz avec un air lourd de menace. Le mieux serait de loin de remettre au plus vite ce monsieur aux mains de sa famille. Nous serons à Stockport dans un rien de temps.

– Pourtant, je pense tout de même... continua courageusement monsieur Briggs.

À travers l'étoffe de la veste de Gratz, le canon du revolver alla se ficher au creux des reins de monsieur Briggs.

La tension devint extrême, et Briggs retint sa respiration. Ce qui allait se produire pouvait affecter la vie de tous les passagers présents. C'est alors qu'il y eut, heureusement peut-être, une diversion.

– Excusez-moi ! fit madame Huggins, en se frayant un chemin parmi le petit rassemblement de passagers pour saisir, à cet instant dramatique, le bras du chef de train. Il faut que vous m'aidiez. Je cherche deux jeunes garçons. On dirait qu'ils ont disparu ; je ne les trouve nulle part dans le train et cela commence à m'inquiéter sérieusement.

Madame Huggins entreprit de décrire Lenny et Jack. Gratz l'écouta attentivement puis, la regardant droit dans les yeux, lui dit qu'il se rappelait avoir vu les deux enfants descendre du train à Welshaw.

Madame Huggins poussa un cri d'effroi.

– Oh, mon Dieu ! Qu'est-ce que va

dire mademoiselle Pritchard, leur institutrice !

– En tout cas, vous feriez mieux d'aller le lui annoncer, non ? suggéra froidement Gratz en augmentant la pression de son arme contre le dos de monsieur Briggs.

7
Patsy à la rescousse

Patsy Huggins arriva à la voiture de queue au moment même où Gratz y faisait entrer le chef de train.

– Et où tu crois que tu vas, comme ça ? demanda le malfaiteur à Patsy en lui barrant le chemin. Les passagers n'ont pas le droit d'entrer là-dedans.

– C'est notre institutrice qui m'envoie chercher deux élèves. Je crois qu'ils ont dû venir jusqu'ici avec le chef de train. Elle dit qu'ils doivent revenir tout de suite dans notre wagon.

– Eh bien, ils ne sont pas ici.

– Si, ils y sont sûrement. J'ai parcouru tout le train et ils ne sont nulle part ailleurs.

– J'ai déjà dit à votre institutrice qu'ils étaient descendus à Welshaw.

– Non, sûrement pas. Ils n'oseraient jamais faire une chose pareille. Oh, allez, monsieur ! Si je ne ramène pas ces deux-là à leur place, ils vont avoir de très gros ennuis. Vous ne voudriez pas leur attirer des problèmes, n'est-ce pas, monsieur ?

Pendant ce temps, à l'intérieur du wagon, Lenny se tenait prêt à déclencher son Carrelet Volant. Ce tour consistait en un immense filet de soie sur lequel se dessinait une arrête de poisson en peinture phosphorescente. Ce filet, constitué de la soie la plus légère, tenait dans un étui couleur chair pas plus gros que le pouce que

Lenny devait discrètement ouvrir au moment crucial. Le filet devait alors jaillir de nulle part dans les airs. Le tour s'accompagnait normalement d'une poêle à frire (dans laquelle le prestidigitateur était censé rattraper le poisson), mais Lenny ne l'avait malheureusement pas emportée, sinon il aurait pu assommer le bandit avec.

– À quoi crois-tu que ça va pouvoir servir ? avait déjà demandé Jack en contemplant l'objet avec une nuance de mépris.

– Il me semblait que c'était évident.

Les mains de Lenny demeuraient sagement glissées sous la corde, mais au moment où la porte s'ouvrit, il cracha vicieusement son filet par l'étui coincé entre ses dents. La soie jaillit et se déploya comme une immense toile d'araignée mangeuse d'homme, puis vint se poser sur la figure de Gratz.

– Qu'est-ce que… ? s'exclama Gratz en s'efforçant de dégager le Carrelet Volant de son visage.

Il fit alors des contorsions tellement athlétiques que deux choses se produisirent : d'abord, il fut contraint de lâcher Patsy Huggins, qu'il avait empoignée, ensuite, il laissa tomber sur le sol quelque chose de lourd.

– Attrape-le, Pudding ! Il va nous tirer dessus ! cria Lenny en se dégageant précipitamment de la corde desserrée.

– Prends-lui les bras, renchérit Jack en se redressant lui aussi.

Gratz était vraiment furieux à présent. Il arracha le Carrelet Volant, le rendant à tout jamais inutilisable, puis il voulut faire volte-face pour ramasser son arme tombée par terre.

La seule chose qui l'en empêcha fut la sensation d'un objet froid et dur s'enfonçant dans son dos tandis que la voix de Patsy lui ordonnait allégrement :

– Les mains en l'air !

8
L'Araignée Tourbillonnante

Gratz supposa que Patsy avait ramassé son revolver et qu'elle le tenait à présent braqué sur son dos. Il leva donc lentement les mains au-dessus de sa tête, cherchant à gagner du temps pour trouver ce qu'il allait pouvoir faire. Il y avait peu de risques pour qu'une gosse de cet âge lui tire dessus de sang froid, mais la situation était tout de même délicate et mieux valait faire attention. Un accident pouvait toujours arriver.

Ah, si Gratz avait su que Patsy ne tenait en fait braqué contre lui qu'un stylo à plume ! Elle avait bien vu l'arme à feu tomber, mais elle avait trop de bon sens pour y toucher. Ces choses-là pouvaient toujours partir toutes seules ! Le revolver était tombé derrière elle, aussi savait-elle que Gratz ne pouvait pas le voir, à moins de se retourner. Patsy devait donc à tout prix l'en empêcher.

– Un geste et je tire ! Mon père m'a appris comment faire, et c'est le meilleur tireur de Cobston, menaça-t-elle en faisant tout son possible pour afficher une crâne assurance.

– Vas-y Pudding ! l'encouragea Lenny d'un air triomphant tout en déroulant la corde pour attacher Gratz.

À ce moment, le pauvre monsieur

Briggs, complètement dépassé par les événements, reprit ses esprits. Il bondit sur le revolver de Gratz et écarta Patsy de tout danger.

– Il faut que nous arrêtions le train ! cria-t-il, n'osant plus quitter Gratz du regard maintenant qu'il le tenait en respect avec son arme.

– Laissez-moi faire ! s'écria Jack en se précipitant vers le signal d'alarme, qu'il rêvait depuis toujours de tirer.

Il en allait de même de tous les élèves de l'École Primaire de Cobb Street, et sûrement de tous les enfants du monde civilisé. Ils en seraient tous verts de jalousie.

D'une secousse particulièrement réjouissante, il tira sur la manette. Il y eut un puissant hurlement de freins et le train ne tarda pas à s'immobiliser.

Lenny était furieux. Si quelqu'un était en droit de tirer sur cette manette, c'était bien lui, et il n'était pas sûr de jamais pouvoir pardonner à Jack une telle trahison. Après tout, n'était-ce pas lui, Lenny, qui les avait tous sauvés grâce à son Carrelet Volant ? Jack Allen serait peut-être mort sans lui. Et alors il aurait été bien incapable de tirer le moindre signal d'alarme.

Mais ce n'était pas le moment de se disputer. Gratz s'était rendu compte qu'il était perdu et avait décidé de faire une dernière tentative pour s'enfuir. Il ne pensait pas que Briggs oserait tirer davantage que Patsy, aussi avait-il l'intention de profiter de l'arrêt du train pour sauter dehors. Il fit un grand bond en direction de la porte, mais c'était sans compter sur l'intervention de la magie.

Lenny Williams ne serait jamais parti toute une journée avec un seul tour dans son sac. Il en avait donc deux autres, dont son préféré, l'Araignée Tourbillonnante : une énorme tarentule noire en plastique qui tourbillonna dans les airs avec un crissement perçant et atterrit au dos de la main

ouverte de Gratz. Celui-ci fut épouvanté. Il avait une véritable terreur des araignées et tomba à la renverse avec un hurlement en essayant de secouer l'horrible bestiole de sa main. Il se cogna alors la tête contre le tandem renversé et s'assomma.

– Qu'est-ce que vous dites de ça ? explosa Lenny. N'importe quel imbécile peut arrêter un train, mais il faut un magicien expérimenté pour arrêter un malfaiteur.

À cet instant, un contrôleur arriva à la porte en courant pour connaître la raison de l'arrêt du train, et Gratz se retrouva définitivement prisonnier des employés du chemin de fer.

Pendant que tout ceci se déroulait, Lenny saisit sa chance. Il avait raté l'occasion de tirer la sonnette d'alarme, mais il était en bonne voie pour réaliser une tout autre ambition. Sa voix ne tarda pas à retentir dans tous les haut-parleurs du train pour annoncer qu'il n'y avait pas à s'inquiéter, que le train n'allait pas tarder à repartir et que l'on présentait des excuses à tous les passagers pour la gêne occasionnée.

– Mais, c'est la voix de Lenny Williams ! s'écria mademoiselle Pritchard. Pour qui se prend-il donc ? Quand j'aurai remis la main sur ce garçon, il souhaitera n'avoir jamais même entendu parler d'un voyage à Manchester.

9

Échec aux malfaiteurs !

Dans la forêt de Belfield, Jojo et José commençaient à s'impatienter.

– Le train a déjà dix minutes de retard !

– Il a dû se passer quelque chose.

– Ouais, tu ne crois pas qu'il s'est fait doubler ?

– Non, pas Gratz ! Il a trop d'expérience pour ça. Et puis il est armé, ne l'oublie pas.

– Un accident peut toujours arriver. Quelqu'un a pu avoir des soupçons et prévenir les autorités.

– Eh bien, on n'a plus qu'à attendre. Accordons-lui encore cinq minutes.

– Mais tu disais que tout tombait à l'eau si le train avait du retard.

– Écoute, nous avons revu ces plans une bonne centaine de fois. On a dit qu'on pourrait attendre un quart d'heure, mais pas plus.

– Tout a foiré, je le sais !

– Oh ! Arrête de geindre !

Cinq autres minutes s'écoulèrent puis Lecky arriva vers eux en courant. il avait quitté son panneau de signalisation un peu plus haut sur la voie.

– Filons ! chuchota-t-il. Il se passe quelque chose, et j'imagine qu'ils ont arrêté Gratz.

Puis il rappela aux autres l'ultimatum d'un quart d'heure qu'ils s'étaient fixés.

Jojo ne fut que trop content de filer dans la mesure où son malaise croissant se muait rapidement en panique. Mais José avait dû mal à accepter d'être passé si près de la fortune et de devoir y renoncer. Il aurait bien attendu encore un peu, mais comme l'équipe se dispersait, ce n'était plus possible. Ils finirent donc par s'entasser tous les trois dans le fourgon et s'éloignèrent.

Ils ne purent cependant aller bien loin. La police avait en effet déjà été alertée et avait installé un barrage routier à moins d'un kilomètre de l'embuscade. Dix minutes plus tard, toute la bande se trouvait sous les verrous.

Lorsque le train arriva en gare de Manchester, qui ne se trouvait pas trop éloignée des musées, mademoiselle Pritchard avait appris toute l'histoire avec ahurissement, sous les yeux médusés de toute sa classe.

– Êtes-vous en train de me dire, demanda-t-elle à l'inspecteur de la police ferroviaire qui était monté dans le train, que Lenny Williams, l'un des élèves les moins prometteurs de ma classe, a réellement permis l'arrestation d'un criminel ?

On lui assura que Lenny avait effectivement contribué à cette arrestation, aidé par Jack, qui avait eu la présence d'esprit de tirer le signal d'alarme. Mais l'inspecteur ajouta que la véritable héroïne de l'aventure était Patsy Huggins, qui avait réussi à stopper net un grand trafiquant de drogue armé sans avoir même touché à son arme.

– Elle s'est montrée très sensée, commenta l'inspecteur à l'adresse de mademoiselle Pritchard. Les armes sont beaucoup trop dangereuses pour les mettre entre des mains inexpérimentées, et je suis sûr que tout le mérite d'une telle éducation revient à son institutrice.

– Et à sa mère, bien sûr, concéda gracieusement mademoiselle Pritchard avec un sourire en direction de madame Huggins.

Les deux femmes reçurent chacune le compliment avec une fierté qui les mit de bonne humeur pour le restant de la journée. Loin de punir Lenny, Jack et Patsy de leur désobéissance, les deux femmes décidèrent même de fermer les yeux sur les frasques des enfants au musée et les laissèrent aller pratiquement où ils voulaient (dans les limites du raisonnable, bien entendu !). Mademoiselle Pritchard donna même à Jack de quoi payer son ticket pour le simulateur de vol spatial quand il s'aperçut qu'il n'avait pas assez. Lenny, cependant, n'était pas très content de l'issue de leur aventure du matin. Il était le vrai héros de l'histoire et aurait dû en recevoir tout le mérite. Que seraient-ils tous devenus sans ses tours de magie ? De plus, Gratz avait mis son Carrelet Volant en lambeaux et il lui faudrait attendre des lustres pour économiser de quoi en racheter un. Un tel sacrifice aurait dû mériter une reconnaissance spéciale, non ? Il avait heureusement pu récupérer son Araignée Tourbillonnante et projetait de donner une bonne frayeur à Patsy Huggins pendant le trajet du retour.

Ce serait bien fait pour elle.

Lorsque toute la classe de l'École primaire de Cobb Street s'installa dans la cafétéria pour le déjeuner, Lenny avait accumulé une telle dose de ressentiment que tout le monde préféra garder ses distances.

– Il fait la tête parce que, pour une fois, il a dû partager la gloire avec d'autres, commenta Karen Cook, l'amie de Patsy. Tant mieux, ça ne lui fera pas de mal de s'apercevoir qu'il n'est pas toujours si supérieur aux autres.

Au début, ceux qui voulaient en savoir plus sur toute l'aventure avaient essayé de s'asseoir à la table de Lenny, mais son air maussade avait fini par tous les repousser. Jack lui-même finit par en avoir assez et alla discuter avec Erica Carr, qui le trouvait tout simplement merveilleux.

Lenny avait choisi délibérément la table la plus éloignée du reste de la classe, et, à mesure que la salle se remplissait, il se retrouva égaré parmi d'autres visiteurs.

Il commença à les fusiller du regard. Ils ne savaient pas près de qui ils étaient assis ! Eh bien, il leur montrerait un jour qui il était. Qu'ils attendent qu'il ait sa propre émission de magie à la télévision : Lenny Williams, le plus grand illusionniste d'aujourd'hui.

Soudain, Lenny remarqua quelque chose qui détourna ses pensées de son pauvre orgueil blessé.

Un homme venait de pénétrer dans la cafétéria avec un sandwich et une tasse de thé. Il alla s'asseoir à la même table que deux dames élégantes occupées à bavarder. L'une des dames avait posé son sac à main sur la table, mais sa voisine, dont le sac était plus volumineux, avait posé le sien par terre, à ses pieds. L'homme termina rapidement son sandwich, jeta un coup d'œil alentour et posa la main sur le sac de la dame. Lenny trouva le geste extrêmement suspect. Soit l'inconnu s'apprêtait à voler un porte-monnaie ou autre chose à l'intérieur du sac, soit il voulait s'emparer du sac tout entier avant de disparaître.

Vif comme l'éclair, Lenny arma son Araignée Tourbillonnante et la lança en direction du sac. Il n'avait pas très bien visé et, au lieu de toucher le sac, l'Araignée atterrit, avec son crissement aigu, sur le pied du voleur. Celui-ci se redressa en poussant un cri et renversa sa chaise ainsi que le reste de son thé. Moins d'une minute plus tard, il avait quitté la salle les mains vides.

Lenny Williams était une fois de plus un héros mais un héros inconnu car personne n'avait vu ce qui s'était passé. On avait entendu un bruit curieux, et c'était tout. Certains avaient levé les yeux, mais ils avaient aussitôt repris leurs conversations. Et pour couronner le tout, le voleur avait projeté la précieuse Araignée de Lenny à l'intérieur du sac ouvert de la cliente, à la cafétéria.

Lenny voulait aller à la table des deux dames pour leur demander de récupérer son Araignée, mais celles-ci se levèrent et s'éloignèrent avant qu'il puisse le faire. En quittant la table, la dame au grand sac prit l'addition, plongea la main sans son sac pour y prendre son porte-monnaie, et poussa le cri le plus épouvantable que Lenny eût jamais entendu.

10
Pénible retour

Lenny ne put récupérer son Araignée Tourbillonnante parce qu'à l'instant où la dame se mit à hurler, mademoiselle Pritchard bondit et traîna Lenny à sa propre table, supposant qu'il était une fois de plus responsable de toutes les catastrophes. Peut-être s'était-elle montrée trop indulgente avec ce garçon aujourd'hui.

Elle décida donc de le surveiller de près pendant le reste de la sortie, ce qui, pour le moment du moins rassura plutôt Lenny.

Mais, bien entendu, une si étroite surveillance ne tarda pas à devenir extrêmement ennuyeuse. Toute incartade lui fut absolument impossible et la journée lui parut interminable. Même durant le trajet du retour, le malheureux Lenny dut s'asseoir à côté de mademoiselle Pritchard tandis que Jack prenait place en face d'Erica Carr. Patsy Huggins, en revanche, était le centre de l'attention générale à l'autre bout de la voiture. Elle connaissait son heure de gloire et ne cessait de relater son aventure en l'embellissant un peu plus à chaque fois.

Pour Lenny, ce fut le voyage le plus assommant et le plus énervant de toute son existence. Impossible de s'immiscer dans la moindre conversation. Jack lui aurait volontiers prêté sa bande dessinée, mais Lenny l'avait déjà lue. Erica sortit un Scrabble de voyage et proposa à Lenny de se joindre à la partie, mais il était franchement mauvais en orthographe et préféra décliner l'offre. Son seul espoir de liberté était d'aller aux toilettes, ce que mademoiselle Pritchard ne pourrait décemment pas lui refuser.

Le train venait de s'arrêter en gare de Welshaw quand Lenny lui en demanda la permission, aussi mademoiselle Pritchard le pria-t-elle d'attendre que le train fût reparti. Il se leva alors, avec l'idée de retourner au buffet. Il lui restait un peu de monnaie et il pensait avoir de quoi s'acheter une part de gâteau au chocolat.

Quoi qu'il en soit, à peine Lenny eut-il quitté la voiture que tous ses projets s'envolèrent. Il tomba en effet tout de suite sur les deux hommes d'affaires de l'aller, Costume Gris et Costume Brun, ce dernier n'étant autre que monsieur Donald Dacre, de la Société Dacre et Compagnie. Les deux hommes venaient de remonter dans le train et étaient plongés dans une conversation animée. Lenny tendit l'oreille. Il n'était pas entièrement convaincu que ces deux individus étaient aussi innocents qu'on avait bien voulu le dire. Costume Brun surtout lui semblait avoir tout du bandit. Quelle drôle d'idée déjà de porter un costume brun !

– Oh la pauvre ! disait Costume Gris. Elle a dû avoir une de ces peurs !

– Ne m'en parle pas ! répliqua Costume Brun ? Je n'ai jamais vu me femme dans un état pareil. Le seul fait qu'elle prenne la peine de m'appeler au bureau montre à quel point elle a été secouée. Elle sait que je n'aime pas qu'on m'appelle au travail.

– Tu dis donc qu'elle aurait trouvé une espèce d'araignée de farce et attrape, c'est ça ?

– Une espèce d'énorme chose qui produisait une sorte de crissement aigu. Ce n'était peut-être qu'une farce et attrape, mais ça a failli lui donner une crise cardiaque. Linda a une peur panique des araignées.

– Elle a gardé la pièce à conviction ?

– Oh oui, ne t'en fais pas. Ce sale truc était juste dans son sac et je lui ai dit de ne pas y toucher tant qu'on n'aurait pas réglé cette histoire. Tu peux être sûr que le coupable de cette sinistre plaisanterie va le payer. Ce n'était qu'un gosse, un écolier assis tout seul à la table voisine, mais il faut qu'il apprenne à ne pas faire n'importe quoi, et surtout à ne pas faire mourir les gens de peur comme ça. Quand Linda a hurlé, une institutrice est venue chercher le gamin. Elle a donc dû se douter que c'était lui. Mais elle n'a rien dit. Elle aurait pu au moins présenter ses excuses. Linda était trop secouée pour aller la voir, mais nous avons le nom de l'école en question. C'est une école primaire de Cobston, d'après ce que disaient certains élèves.

– Pas celle qui est dans le train maintenant ?

– DANS CE TRAIN ? demanda monsieur Dacre, les yeux presque exorbités.

– Oui, et maintenant que j'y pense, ce sont les mêmes que ceux de l'aller, poursuivit Costume Gris. L'École Primaire de Cobb Street. Je me souviens d'avoir lu le nom sur le panneau de réservation, sur la vitre de leur voiture. Tu n'as pas dit que c'était déjà l'un des leurs qui t'avait fait passer pour un terroriste à l'aller ? J'ai l'impression que ces deux dérapages pourraient bien être l'œuvre du même gosse, non ?

– Voilà qui me paraît tout à fait intéressant ! commenta monsieur Dacre avec une expression de détermination effrayante. Si tu veux bien m'excuser un instant… reprit-il en se levant de son siège.

Lenny n'attendit pas d'en savoir plus. Il alla s'enfermer dans les toilettes et y resta jusqu'à ce que madame Huggins vienne tambouriner contre la porte pour qu'il en sorte.